pb.

1846 × 19675
(74)

ABÉCÉDAIRE

DES

PETITS GARÇONS,

AVEC

DES LEÇONS TIRÉES DE LEURS JEUX

ET DE LEURS OCCUPATIONS ORDINAIRES.

16.me ÉDITION,

Ornée de jolies figures.

PARIS,

A LA LIBRAIRIE DE L'ENFANCE ET DE LA JEUNESSE,

P. C. LEHUBY,

SUCCESSEUR DE M. PIERRE BLANCHARD,

Rue de Seine, 53.

1845.

A	B
C	D
E	F

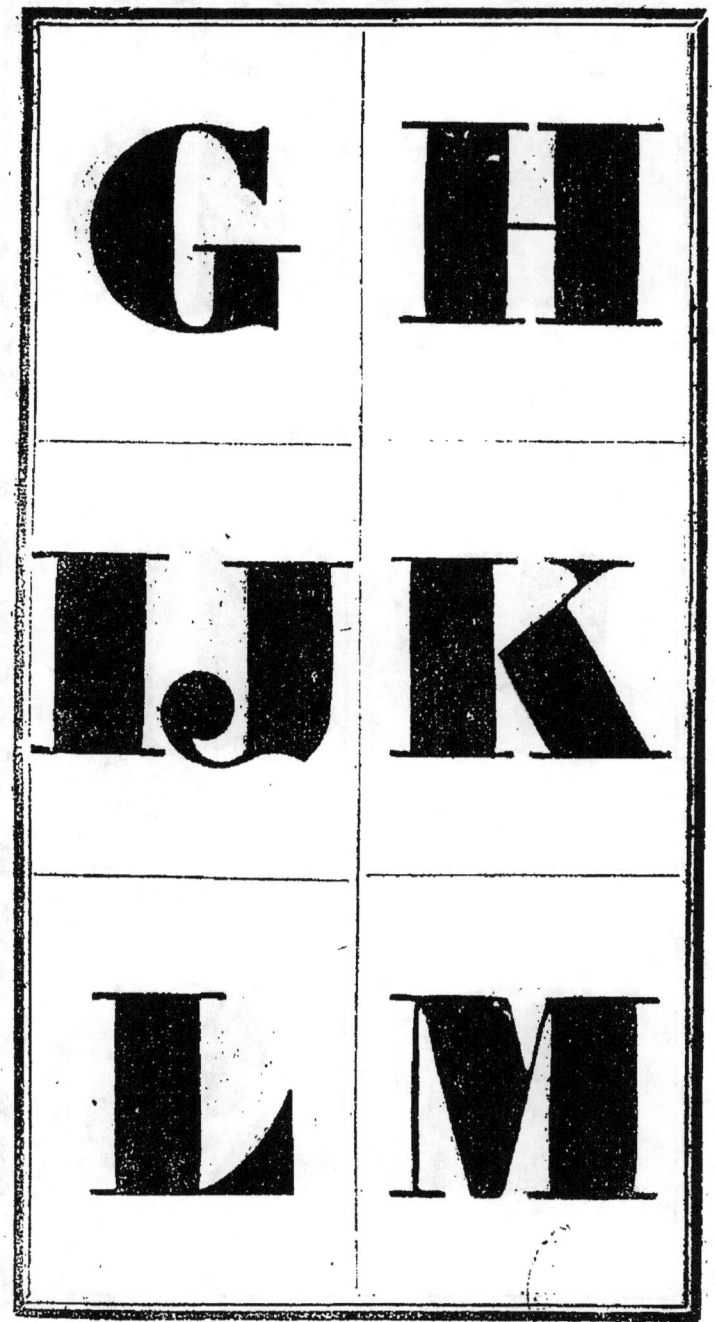

— 4 —

N O
P Q
R S

— 5 —

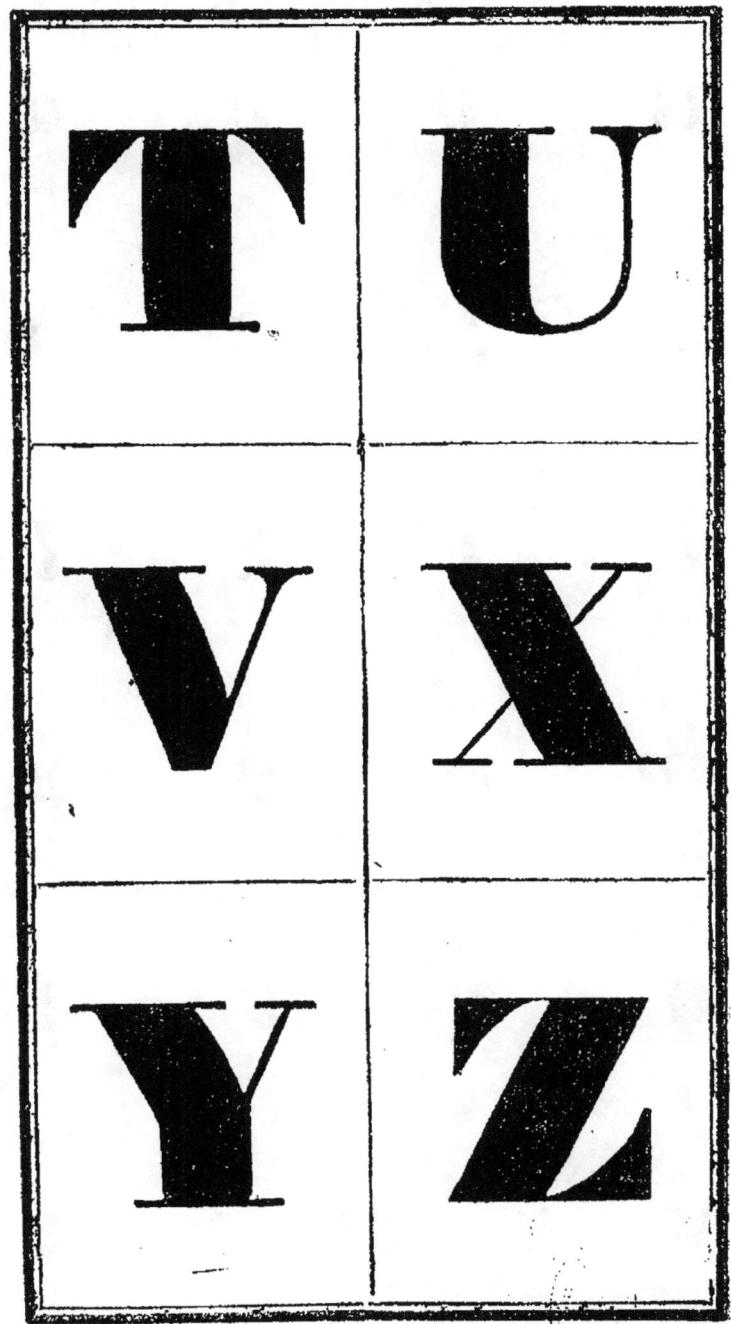

a   b   c   d

e   f   g   h

i   j   k   l

m   n   o   p

q   r   s   t

u   v   x   y   z

ALPHABET QUADRUPLE,

OU LETTRES MAJUSCULES ET MINUSCULES,
COURANTES ET MANUSCRITES.

A a	B b	C c	D d	E e
A a	*B b*	*C c*	*D d*	*E e*
F f	G g	H h	I i	J j
F f	*G g*	*H h*	*I i*	*J j*
K k	L l	M m	N n	O o
K k	*L l*	*M m*	*N n*	*O o*
P p	Q q	R r	S s	T t
P p	*Q q*	*R r*	*S s*	*T t*
U u	V v	X x	Y y	Z z
U u	*V v*	*X x*	*Y y*	*Z z*

LETTRES DOUBLES
ET LIÉES ENSEMBLE.

Æ æ OE œ
ff fi ffi fl ffl
W w

Æ æ OE œ
ff fi ffi fl ffl
W w

CHIFFRES.

1 2 3 4 5 6
7 8 9 0

PREMIÈRE LEÇON.

VOYELLES.

a e i ou y o u

SYLLABES.

ba be bi bo bu.
ca ce ci co cu
da de di do du
fa fe fi fo fu
ga ge gi go gu
ha he hi ho hu
ja je ji jo ju

1.

ka ke ki ko ku
la le li lo lu
ma me mi mo mu
na ne ni no nu
pa pe pi po pu
qua que qui quo qu
ra re ri ro ru
sa se si so su
ta te ti to tu
va ve vi vo vu
xa xe xi xo xu
za ze zi zo zu

DEUXIÈME LEÇON.

MOTS A ÉPELER.

SYLLABES SIMPLES ET PLEINES.

Pa pa. Ma ri. A mi. Mi di. Mi mi. Jo li. Po li. Dé jà. Nu mé ro. O pé ra. A ni ma. Pa ri. Se ra.

PHRASES FORMÉES DE SYLLABES SIMPLES ET PLEINES.

Si Mi mi a ri,

pa pa la pu ni ra.

Co co a dé jà lu, pa pa ri ra.

Pa pa se ra i ci à mi di.

SYLLABES SIMPLES ET TERMINÉES PAR UN E MUET.

Ro se. Do se. Lu ne. Du ne. U ne. Ru e. Vu e. Vi e. Ra vi e. Jo-li e. Ra ve. Ca ve.

I ma ge. Ri re.
Pi le. Fa ci le.
Vo lu me. Pa-
ru re.

PHRASES A ÉPELER.

Ma pe ti te a-
mi e Li li ne a é té
sa ge.

U ne jo li e i-
ma ge.

Pa pa i ra à
Ro me.

TROISIÈME LEÇON.

SYLLABES SIMPLES ET TERMINÉES PAR UN **E** MUET ET UN **S**.

Les da mes. Mes da mes. Les â mes. Les â nes. Les ro ses. Les i ma ges. Les jo li es i ma ges. Les pe ti tes i ma ges. Des ro bes. De

jo li es ro bes. De
pe ti tes ro bes.
Mes pe ti tes a-
mi es. Des da-
mes ma la des.
Les ma la di es.

QUATRIÈME LEÇON.

SYLLABES COMPOSÉES.

Mon. Ton. Son.
Bon. Vin. Lin.
Fin. Pin. Van.

Tan. Pan. En.
Nos. Vos. Dos.
Tas. Pas. Ras.
Cas. Las. Rat.
Ris. Riz. Pis. Car.
Par. Pé rir. Ra-
vir. Sa lir. Ver.
Mer. Mal. Pal.
Tel. Sel. Bel.
Bec. Sec. A vec.
Un. Pé tun. Ta-
bac. Sac. Pot.
Tu es.

PHRASES A ÉPELER.

Ma man me don ne ra des bon bons tan tôt, si je lis u ne page en ti è re.

CINQUIÈME LEÇON.

SYLLABES PLUS COMPOSÉES.

Dans. Vent. Les vents. Dent. Les dents. Ser pent.

Les ser pens.
Lent. Len te.
Con tent. Con ten-
te. Vert. Ver te.
Rond. Ron de.
Mon de. Mont.
Les monts. Pont.
Les ponts. En-
fant. Les en fans.
Part. Tard. Lard.
Lé o pard. Parc.
Arc. Tort. Port.

A lors. Porc. Je dors. Il est. Ils sont.

PHRASES A ÉPELER.

Les en fans sa-ges sont ré com-pen sés.

On met en pé-ni ten ce les en-fans in do ci les.

SIXIÈME LEÇON.

DIPHTHONGUES.

Bien. Lien. Mien. Tien. Sien. Pied. Fier. Pierre. Lier. Ma ri er. Liard. Lui. Nuit. Puits. Muet. Juin. Ciel. Fiel. Miel. Je suis.

PHRASES A ÉPELER.

Il faut bien é-tu dier, on ne vous gron de ra pas.

SEPTIÈME LEÇON.

DEUX VOYELLES NE FAISANT QU'UN SON.

Feu. Peu. Peur. Ter reur. Bon-heur. Mal heur. Au. Mau ve. Mou.

Cou. Sou. Fou.
Pour. Tour.
Lourd. Lour de.
J'ai. J'au rai.
J'ai me. J'ai me-
rai. Ja mais.
Dais. Mai. Pain.
Main. Faim.
Daim. Vai ne.
Vei ne. Rei ne.

PLUSIEURS VOYELLES FORMANT UN SEUL SON.

Dieu. Dieux.

Cieux. Mieux.
Vieux. Lieue.
Eau. Peau. Veau.
Beau. Tau reau.
Suie. Es suie.
Ap puie. Je joue.
Je joue rai. J'a-
voue. J'a voue-
rai.

VOYELLES DE SUITE FORMANT
PLUSIEURS SONS.

Jou er. Avou er.

Rou er. Rou ir.
Jou ir. Su er.
Su a ve. Rou et.
Fou et.

―――――――――

HUITIÈME LEÇON.

VOYELLES ACCENTUÉES.

Accent aigu (´).

É té. É co le. É co-
lier. Ré pé té. Ré fé-
ré. Ai mé. Por té.

L'é té a é té fort

a gré a ble cet te an-
née.

Un hom me ai mé.
U ne fem me ai mée.

Accent grave (`).

Pè re. Mè re. Suc-
cès. Ac cès. Mi sè re.

Accent circonflexe (^).

Pâ te. Pâ té. Tê te.
Mê me. Gî te. Cô te.
Dô me. Flû te.

U ne pa te. De la
pâ te. Un en fant qui

tè te. Un hom me qui a mal à la tê te. Une cot te de fem me. Une cô te d'a ni mal

Roi. Loi. Foi. Moi. Toi. Voir. A voir. Boi re. Poi re. Loi re. Soin. Foin. Loin. Coin. Moins. Point. Toit. Toi tu re. Il voit. Il boit. A voi ne. Moi ne. Pi voi ne. Poil. Toi le. Voi le. Toi se. Ar doi se. Pontoi se. Oie. Foie. Joie. A boie. Sa voie.

MOTS TERMINÉS PAR UN G QUI NE SE PRONONCE PAS.

Sang. Rang. Ha-reng. Seing. Long.

Blâ mer. Bles ser. Ou bli er. Ob long. Blu ter. Sem bla ble Bras. Em bras ser. Ar bre. Ar bris seau. A breu ver. A bri. Re brous ser. A bru-tir. Bê te bru te. Bru-tal.

Clé men ce. Cli ent.
Clo pin. Clô tu re.
Clou. Ré cla mer.
Clan des tin. Clair.
Clas se.

Cra be. Crain te.
Cra moi si. Cram pe.
Cram pon ner. Cré-
a teur. Crê me. Cri er.
Cri me. Cros se.
Croû ton. Cru el.
Cru au té.

Dra gon. Dra gée.
Dres ser. A dres ser.

Droit. Drô le. Dra-
per. Dra pier. Drap.
Des draps.

Flam me. Flam-
beau. Flam ber.
Fleur. Fleu rir. Fleu-
ve. Flot ter. Flo ren-
ce. Flu i de. Flû te.
Pan tou fle. Souf fle.

Fra cas. Fra gi le.
Frais. Frai se. Fram-
boi se. Fran ce. Frè-
re. Fri and. Fri an-
di se. Fro ma ge.

Froid. Froi du re. Front. Fruit. Frugal. Sou fre. Of fre. Gau fre.

Gla neu se. Gland. Glè be. Glis ser. Glissa de. Glo be. Gloi re. Glou ton. Glu. Gluant. Ai gle. É pin gle.

Gra bat. Gras. Grace. Grand. Gran dir. Grap pe de rai sin. Gre lot. Gre na de. Gre na dier. Gre nier.

Gri ma ce. Gri ve.
Gris. Gron der. Gros.
Gros seur. Gru au.
Grue. Gru ger. O gre.
Po da gre. Vi nai gre.

Pla ce. Pla cer. Plai ne.
Plai re. Plat. Plan ter.
Plein. Pleu rer. Pli. Pli-
er. Plomb. Plom ber. Plon-
geur. Plu me. Plu mer.
Plu ma ge. Pluie. Pleu-
voir. Sou ple. Cou ple.

Pra li ne. Prai rie. Pré.
Pré ci pi ce. Pre mier.
Pris. Pri è re. Prin ce.
Prin ci pal. Prix. Pro bi-
té. Pro cès. Pro cu rer.

Pru ne. Pru neau. Pru-
dent. A pre.

Spa ci eux. Splen deur.
Spon ta né.

Sta ble. Sta de. Stan ce.
Sta tue. Sti pu ler. Sto re.
Stu pi de. Sty le. Sty let.

Tra cas. Tra ce. Tra cer.
Train. Traî ner. Trè fle.
Tren te. Tri bu. Trem bler.
Trem blant. Tri bu nal.
Tric trac. Trois. Troi si è-
me. Trom per. Trô ne.
Trou ble. Ti tre. Ni tre.
A pô tre. Pâ tre.

Thé. Thé â tre. A pa-
thi e. A thée. A thlè te.
A thlé ti que.

Chat. Chien. Cher cher. Char me. Char mer. Cha-cun. Chi che. Chif fre. Chou.

Chré tien. Chris ti a nis-me. Jé sus-Christ.

CH PRONONCÉ COMME K.

Or ches tre. É cho. Cho-ris te. Eu cha ris tie. Chi-ro man cie. Bac chus. Bac cha nal. Bac chan te.

Vrai. Vrai sem bla ble. Vrai ment. Li vre. Vi-vre. I vre. Nous vi vrons. Li vrer. Je li vre rai.

DU Q.

Qui. Que. Quel que.

2.

Le quel. La quel le. Quoique. Quand. Co quin. Co-
que. Queue. Cro quet.

GUE, GUÉ, ET GUË.

Ba gue. Da gue. Do-
gue. Fi gue. Li gue. Fu-
gue.

Dis tin gué. Dis tin-
guer. Il dis tin gue. Nous
dis tin guons. Il dis tin-
gue rait.

Ci guë. Ré pon se am-
bi guë.

SON DE L'S SEUL ENTRE DEUX VOYELLES.

Di vi si on. A si le. Ré-
sis tan ce. Rai son. U sage. Il lu si on. Be soin.
Choi sir. O ser. Ha sard.
Ma ga sin.

LES DEUX SS.

Des sus. Des sous. Pas-
ser. Tousser.

SON DU Z AU COMMENCEMENT DU MOT.

Zè le. Zig zag. Zé non.
Zo ï le. Zo ro as tre. Zè-
bre. Zo di a que. Zone.

SON DU Z AU MILIEU DU MOT.

On ze. Dou ze. Trei ze.
Qua tor ze. Sei ze. Sei-
zi è me.

DU Z A LA FIN DU MOT.

Le nez. As sez. Vous
ai mez. Vous dan sez.

DE L'X AYANT LE SON DU CS JOINTS
ENSEMBLE.

Xi xi. Xan tip pe. Xercès. Per ple xe. A xe. Lu xe. Fi xe. Ex trê me. Styx. Lynx. Pré fix. In- dex.

DE L'X PRONONCÉ COMME GZ JOINTS ENSEMBLE.

E xer ci ce. E xa men. Xa vi er.

DE L'X PRONONCÉ COMME DEUX SS.

Au xer re. Bru xel les. Six. Dix.

X PRONONCÉ COMME Z.

Deu xi è me. Si xi è me. Di xi è me.

X PRONONCÉ A LA FIN DES MOTS COMME S.

Beaux hom mes. Oi- seaux. Heu reux. Feux. Jeux. Per drix. Prix.

L'Y.

Moy en. Ci toy en. Roy al. Ap puy er. Ay ez. Pays. Pay san. Ab bay e. Y eux. Il y a des gens hon nê tes, fiez-vous-y. Al-lez-y.

LE T PRONONCÉ COMME DEUX SS.

Pu ni ti on. In ven ti on. An non ci a ti on. É di ti on. Par ti ti on.

LE Ç CÉDILLE PRONONCÉ COMME DEUX SS.

Re çu. Gar çon. Fa ça de. For çat. Fran çois.

PH PRONONCÉ COMME F.

Phi lo so phe. Phra se. Phy si que. Jo seph.

L MOUILLÉ.

Fil le. Quil le. Co quil-
le. Mouil ler. Meil leur.
Ci trouil le. Fau teuil. So-
leil. O seil le. Pa trouil le.
Cueil lir. Feuil le. Ail.
Bail. Pail le. Ba tail le.
Re pré sail les. Pail las se.
Vieil lard. Vieil les se. U-
ne vieil le fil le. Il faut
que j'ail le à Pa ris.

G MOUILLÉ.

Mon ta gne. Es pa gne.
Al le ma gne. Com pa gne.
Com pa gnie. Com pa-
gnon. Ro gnon. Pei gne.
Rè gne. A rai gnée.

LETTRES DOUBLES.

Ro sæ. Mu sæ. Vœu. Nœud. OEuf. Bœuf. Cœur. Chœur. OEil. OEil-let.

H aspiré.

Le hé ros. Un hom me har di. Un ha reng. Les ha ri cots. La har pe. Le ha sard. La hu re.

H non aspiré.

L'hom me. Un hom me. U ne hé ro ï ne. L'hé-ro ï ne.

OI prononcé comme AI.

J'ai mois *ou* j'ai mais. Les Fran çois *ou* les Français. J'a vois. Il a voit. Je jou ois. Il jou oit. Je croy- ois. Il croy oit. Il croi roit.

DE ENT PRONONCÉ COMME EN.

Vent. Dent. Ar pent. Se re pent. Il ment. Il sent.

DE ENT PRONONCÉ COMME E MUET.

Ils ai ment. Ils men tent. Ils sen tent. Ils se re pen- tent. Ils dan sent. Ils ai moient *ou* ils ai maient. Ils men toient. Ils dan- soient. Ils ai me roient. Ils dan se roient.

QUELQUES MOTS DIFFICILES.

Corps. Les corps hu- mains. Temps *ou* tems.

Le prin temps. Les champs. Prompt. Un hom me prompt. U ne fem me promp te. Un comp te d'argent. Com te. Mon sieur le com te. Al ma nach. Es-to mac. Pa ra phra se. Gé-o gra phe. Gé o gra phi e. Gé o gra phi que. Par fum. Diph thon gue. É pi lep-si e. É pi lep ti que.

PETITS CONTES.

LES ENFANS BIEN SAGES.

Le pe tit Pau lin et la pe ti te Ca ro li ne sa sœur é taient des en fans charmans. Dès que leur maman leur com man dait quel que cho se, ils s'empres saient d'o bé ir, et jamais ils ne trou vaient trop dif fi ci le la le çon qu'on leur don nait à appren dre. Ils com mençaient à li re cou ramment. Sou vent Pau lin, qui é tait le plus in struit, pre nait un li vre où il y a vait de beaux con tes, et il en li sait un tout en tier à sa sœur, qui l'é cou tait a vec beau coup d'at tenti on.

Leur ma man dit un jour: Puis que mes en fans sont si sa ges, il faut que je les ré com pen se.

El le sor tit, et un instant a près, el le ren tra avec un tam bour qui é tait aus si gros qu'un po ti ron, et u ne pou pée gran de com me u ne de moi sel le de sept ans.

Quand Pau lin et Ca roli ne vi rent ce gros tambour et cet te gran de poupée, ils se mi rent à sauter de joie, par ce qu'ils pen sè rent aus si tôt que c'é tait pour eux.

— Ap pro chez, mes petits en fans, leur dit la mè re ; je suis très-conten te de vous. De puis huit jours Pau lin lit trèsbien, et Ca ro li ne n'a pas tou ché u ne seu le fois à mon su cre. Aus si ai-je a che té pour vous ces beaux joujoux que voi là. Te nez, Pau lin, je vous don ne ce tam bour, mais à con di tion que vous n'en joue rez que dans le jar din, et quand je vous le per met trai ; et vous, Ca ro li ne, pre nez cet te pou pée dans vos bras, et ne vous en oc cu pez que lors que vous au rez rem pli vos de voirs. *C'est ain si qu'on ré com pen se les en fans qui sont bien sa ges.*

L'AIMABLE ENFANT.

Voy ez ce jo li pe tit gar çon qui cueil le des fleurs au bord du che min ;

si vous a vez des dra gées dans vo tre po che, vous pou vez lui en don ner, car il mé ri te qu'on l'ai-me et qu'on le ca res se. Il a très - bien lu sa le çon. Il a ré ci té fort jo li ment u ne piè ce, il ô te tou-jours son cha peau; tous les ma tins il em bras se son pa pa et sa ma man ; il s'em pres se de fai re tout ce qui peut leur plai-re, et par le très-po li ment à tout le mon de. Je vous ré pè te, si vous a vez des dra gées, don nez-en à cet ai ma ble en fant.

LE BOUQUET.

Di tes-moi, mon pe tit a mi, ai mez-vous bien les gâ teaux? — Oh! oui, Monsieur, j'ai me bien les gâteaux. — Eh bien! donnez-moi ce beau bou quet que vous te nez là, et vous au rez un gâ teau. — Je ne peux pas, Mon sieur. — Non! Je vous en offre deux. Vous ne vou lez pas en co re? Je vous en donne trois, quatre, six. Comment! cela ne suffit pas? Eh! quel prix mettez-vous donc à ce bouquet? — Monsieur, je l'ai fait pour maman, et je ne le donnerais pas pour tous les gâteaux du monde. — Très-bien, mon enfant! embrassons-nous; vous êtes un brave petit garçon. Venez chez le pâtissier; je veux que vous emportiez une douzaine de petits gâteaux, et que vous gardiez votre bouquet pour votre maman.

Le Jeu de Balle.

Le Jeu de la Corde.

LE JEU DE BALLE.

La balle est le jeu favori des écoliers. Chacun d'eux a grand soin d'en avoir une dans sa poche, et dès que commence la récréation, la balle entre en danse; elle est lancée en l'air, et jetée contre le mur, et reçue et renvoyée par la main. On court au point où elle va tomber, on la relève quand elle rebondit, on la suit sans cesse des yeux, on n'a pas une seconde de repos; la sueur coule du front, on respire à peine; mais n'importe, on s'exerce, on s'amuse, et l'on ne donnerait pas ce moment-là pour toutes les richesses du monde. O heureux temps de l'enfance!

Le jeu de balle accoutume à être leste e adroit, c'est un avantage qui n'est pas à dédaigner : il donne de la souplesse aux membres, de la justesse au coup d'œil, et quelquefois de la grâce aux mouvemens. Les enfans lourds et gauches s'y montrent de pauvres joueurs.

On joue ordinairement à la balle contre un mur. On trace sur la terre une raie à environ une vingtaine de pieds de ce mur, et il faut toujours que la balle tombe au delà de cette raie, sans quoi on perd un point. Le premier joueur lance la balle, et les autres la renvoient; s'ils manquent, c'est un point de perdu. On met la partie en douze ou quinze points.

On joue aussi à la balle de l'un à l'autre comme à la paume.

Les meilleures balles sont celles qui, étant jetées contre terre, rebondissent à plus de hauteur.

Mais il est inutile que l'on vous parle de tout cela; si vous ne le savez pas encore, vous le saurez bientôt, et je suis bien sûr que vous n'apprendrez pas aussi facilement vos leçons.

LE JEU DE LA CORDE.

Marcellin avait trouvé une corde ; aussitôt il courut dans le jardin, et prenant cette corde par chaque bout, il se mit à la faire passer rapidement par-dessus sa tête et par-dessous ses pieds ; il bondissait avec une légèreté admirable, formant toutes sortes de pas aussi habilement que sans cet obstacle : c'était un vrai plaisir que de le voir aller en avant, en arrière, courir, s'arrêter et sauter à la même place ; sa corde et ses pieds étaient sans cesse en mouvement.

Son frère Charles, qui survint alors, dit qu'il voulait la corde à son tour ; Marcellin

LE CERF-VOLANT.

J'aime ces enfans qui, après avoir bien rempli leurs devoirs, se livrent au jeu de tout leur cœur : ils ont mérité de s'amuser. Voyez ces petits garçons qui, à l'aide d'un fil léger, enlèvent un cerf-volant ; ils sont joyeux, satisfaits : on devine sur leurs figures qu'ils ont contenté leurs parens et leurs maîtres ; ils ne craignent pas qu'on les voie jouer.

Voilà au moins huit jours qu'ils se promettent cette partie de plaisir. Ils ont d'abord fait le cerf-volant dans leurs heures de récréation : ils ont choisi trois petites baguettes bien légères ; la plus forte a été

Le Cerf-Volant.

Le Petit Tapageur.

mise dans le milieu ; les deux autres ont été pliées sur les côtés, à l'aide d'une ficelle qui a été rattachée à l'extrémité inférieure. Cette carcasse a été recouverte d'un beau papier blanc ; puis on a mis une queue et des oreilles au cerf-volant ; on a attaché le fil qui doit le guider dans les airs : après cela il a fallu attendre un jour de congé. Le maître, qui était content d'eux, leur a donné une demi-journée pour jouer. Le plus grand a placé sur ses épaules le cerf-volant ; le plus petit a porté la pelote de fil. On est venu dans la plaine ; le vent était bon ; le cerf-volant a été lancé, et en deux minutes il s'est élevé à la hauteur d'un clocher. Aussi jugez du plaisir, des cris et des sauts de joie ! c'était à qui aurait le bonheur de tenir le fil ; chacun attendait son tour avec impatience.

O mes bons petits amis ! étudiez bien, remplissez tous vos devoirs auprès de vos parens et de vos maîtres, et vous jouerez avec dix fois plus de plaisir.

LE PETIT TAPAGEUR.

En avant ! marche !... Ainsi criait toute la journée le petit Paulin ; puis il se mettait à marcher comme un militaire, en frappant en mesure le tambour que son papa lui avait acheté ; il étourdissait tout le monde.

Sa maman lui dit : Mon fils, votre père vous a acheté ce tambour, parce que vous aviez été bien sage, et pour vous amuser dans vos momens de récréation ; mais puisque vous nous étourdissez, et que c'est en vain que l'on vous dit de vous taire, que d'ailleurs cela vous fait négliger l'étude, je prends le tambour, et je le donne à votre cousin, qui aura l'attention d'aller dans le jardin toutes les fois qu'il voudra faire du bruit.

Elle prit en effet le tambour et le donna au cousin. Paulin pleura d'abord, mais se consola bientôt, et lut ses leçons si bien, que sa maman elle-même lui acheta un joli sabre qui avait une lame de fer-blanc, un fourreau rouge et une poignée de cuivre. Paulin mit fièrement ce sabre à son côté, et, dès qu'il le put, il chercha des ennemis à combattre.

Il aperçut des mouches sur une table ; vite son sabre est hors du fourreau : il frappe un coup terrible, les mouches s'envolent, mais une assiette qui était dessus tombe en mille éclats.

Cette prouesse eût valu une récompense au nouveau guerrier, si sa mère se fût trouvée là ; heureusement il était seul : il s'enfuit dans le jardin.

En parcourant les allées, il remarqua un pommier qui n'était pas plus grand que lui, mais qui portait au moins vingt grosses pommes.

Ces pommes lui parurent autant de soldats qu'il pouvait hardiment attaquer : il lève le sabre, et voilà une pomme par terre. Cette victoire lui donna un courage héroïque; il recommença, et une nouvelle pomme, d'un seul coup, est partagée en deux. A cet exploit, il reste étonné et admire la force de son bras. Il allait terrasser un troisième ennemi, lorsque son papa, qui avait vu ses deux premiers combats, et qui craignait qu'il ne dégarnît entièrement son pommier, s'empressa d'accourir et d'arrêter le bras du héros.

—Comment, petit drôle, lui dit-il, voilà que vous abusez encore des plaisirs que l'on vous procure! Vous a-t-on donné un sabre pour abattre les pommes de mon jardin? Remettez-moi cela.

Le père reçut le sabre, et le donna à un petit garçon qui était fort sage, et qui ne s'en servait point à mal faire.

Quelques jours après, le parrain de Paulin vint à la maison ; et comme il le connaissait pour un petit tapageur, il lui apporta un fusil très-joli. Paulin sauta de joie à la vue de ce présent : il ne sera plus réduit à faire l'exercice avec un bâton. Sa mère avait fort envie qu'on ne le lui donnât pas ; mais il promit si bien d'être plus sage, qu'elle se laissa fléchir.

Le voilà donc avec son fusil sur l'épaule, allant, venant, et mettant tout le monde en joue. Cela alla fort bien pendant quelque temps ; malheureusement il remarqua que l'on pouvait mettre des pois secs dans le canon, et qu'à l'aide d'un ressort on les envoyait d'un bout de la chambre à l'autre : il chercha aussitôt des pois, en mit dans le canon et s'exerça à tirer contre le mur. S'il n'eût visé qu'en cet endroit, le mal n'eût pas été bien grand ; mais il tira bientôt sur le chien, puis sur le chat, puis enfin sur une vieille bonne femme qu'il n'aimait pas, parce qu'elle lui disait quelquefois : Monsieur, si vous n'êtes pas plus sage, votre papa le saura.

La bonne femme était assise devant la porte et était occupée à tricoter. Paulin s'avança doucement, se cacha derrière un rosier, chargea son fusil, mira, et zeste ! voilà le pois qui frappe l'oreille de la bonne vieille. A ce coup, elle fait un saut sur sa chaise, regarde de tous côtés, et reçoit un autre pois précisément sur le bout du nez. Mais cette fois-ci elle aperçoit le petit malicieux, et lui crie de toutes ses forces : Votre papa le saura.

En effet, elle fut aussitôt apprendre au père la nouvelle équipée de son fils. Le père vint, prit le fusil, fit sentir au petit polisson qu'il pouvait crever un œil à la bonne femme, et le mit en pénitence devant tout le monde, en lui disant qu'il n'aurait plus aucun joujou.

La Patrouille.

Les Petits Polissons.

LA PATROUILLE.

Il y avait un petit garçon appelé Jules, à qui son papa avait donné un beau sabre de fer-blanc, et qui en faisait un meilleur usage que le petit tapageur dont nous venons de voir l'histoire. Son plus grand plaisir était de faire l'exercice; et quand il voulait se battre, c'était toujours contre quelques vieilles têtes de chou, ou contre quelques chardons qui s'élevaient au-dessus des autres herbes. Cela ne faisait aucun mal, et Jules s'amusait de tout son cœur. Ce qui était encore digne de louange en lui, c'est qu'il ne prenait jamais son beau sabre que quand il avait appris et récité toutes ses leçons. Quand il tenait son livre, il s'en occupait tout entier; mais aussi, quand il était au jeu, il n'en cédait point sa part aux autres.

Il avait coutume de rassembler ses petits camarades devant la porte de la maison; il les armait de bâtons, de petits fusils de bois : il les mettait en rang, les faisait marcher au pas, leur montrait l'exercice, qu'il ne savait pas trop bien lui-même, faisait patrouille avec eux, les plaçait en sentinelle, et quelquefois les divisait en deux pelotons, qu'il appelait deux armées, et donnait le signal du combat; mais cela arrivait rarement, car son papa lui avait dit qu'il ne voulait pas même qu'on fît semblant de se battre.

Dans tous ces jeux, Jules était toujours le plus alerte et le plus adroit. Il courait partout, voyait tout à lui seul. Aussi son front était-il toujours couvert de sueur, et ses yeux étincelans annonçaient la vivacité de son caractère. Il aurait été de tout point un petit garçon fort aimable, s'il n'avait pas voulu toujours être le premier. Il ne fallait pas lui dire de se mettre dans les rangs avec les autres ; il ne se trouvait qu'à leur tête. A peine était-il arrivé qu'il criait : GARDE A VOUS ! et sans attendre que ses amis eussent consenti à son élévation, il disait : Je suis le général, le capitaine ou le caporal ; peu lui importait, pourvu qu'il commandât ; et si l'on voulait jouer, il fallait passer par tous ses caprices. C'était là un vilain défaut ; c'était celui d'un petit orgueilleux qui se croyait plus habile que les autres.

La justice et l'honnêteté veulent que dans les jeux les plaisirs soient partagés, et qu'il y ait une égalité parfaite.

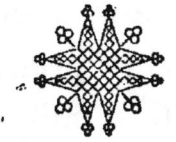

LES PETITS POLISSONS.

Le petit Jeannot voyait de la fenêtre une troupe de polissons qui glissaient sur la glace et marchaient dans la neige jusqu'aux genoux. Il aurait bien voulu aller faire le polisson avec eux; mais son papa et sa maman le lui avaient défendu bien sévèrement.

Cependant, un jour qu'on ne le surveillait pas avec assez d'exactitude, il alla devant la porte, y resta quelques momens, et, voyant qu'on ne prenait pas garde à lui, il se rendit au milieu de la troupe bruyante. A peine eut-il mis un pied sur la glace, qu'il trembla et craignit d'avancer : c'était un petit nigaud fort timide, et qui eût bien mieux fait de rester au coin du feu.

Dès que les autres enfans eurent remarqué ses craintes, ils accoururent autour de lui, et lui firent mille niches : l'un le tirait par son habit, l'autre lui tendait la main comme pour le conduire, et l'entraînait à une vingtaine de pas. Jeannot, qui se croyait perdu, criait de toutes ses forces. Enfin il se rassura ; et, admirant la légèreté de ses camarades qui effleuraient le milieu de la glace, il voulut tenter de glisser avec eux. Il se met sur les rangs, prend sa course, fait un effort, s'élance, et le voilà par terre. Ses camarades, qui avaient aussi pris leur élan, ne peuvent se retenir, et tombent sur lui les uns après les autres. Ce ne fut pas tout : la glace, surchargée en cet endroit, se rompit, et tous les polissons se trouvèrent dans l'eau. Heureusement qu'elle était peu profonde, car ils se seraient tous noyés. Comme ils étaient de bonne humeur et accoutumés à courir dans la boue, ils se relevèrent aussitôt, et ne firent que rire de leur accident. Il n'y eut que Jeannot qui ne rit point; il se releva avec bien de la peine, remonta sur la glace, et reprit le chemin de la maison en pleurant comme un imbécile sans courage. A la vérité, il était mouillé depuis la tête jusqu'aux pieds; mais aussi pourquoi sortait-il quand on le lui avait défendu; c'était sa faute. Sa mère le gronda; son père lui promit une correction, et sa bonne, en lui ôtant ses habits mouillés, lui répétait : C'est bien fait, Jeannot; il fallait rester au coin du feu.

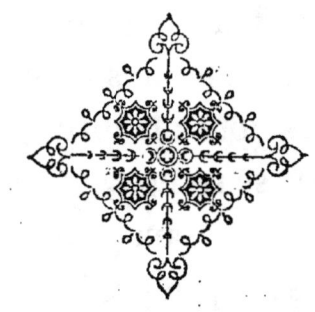

La Balançoire.

Le Cheval Fondu.

LA BALANÇOIRE.

O maman! disait le petit Félix; j'ai vu tantôt chez mes cousins un bien joli jeu: vous devriez bien nous en laisser faire un semblable dans le jardin.

— Oui, mon ami, lui répliqua la mère, et quel était donc ce jeu?

— On choisit un endroit où il y a deux arbres à côté l'un de l'autre. On attache à l'un et à l'autre une grosse corde qui pend au milieu, et qui soutient au milieu une petite banquette de bois. Une personne s'assied sur cette banquette, et les autres la poussent de toutes leurs forces en avant et en arrière.

— Bon! j'entends, il s'agit d'une balançoire.

—Oui, maman, c'est cela même, une balançoire. Si vous saviez comme c'est amusant ! Voulez-vous nous permettre d'en faire une ?

—Volontiers ; je vous la ferai même faire, car vous n'êtes pas assez forts pour une telle besogne. Nous l'établirons au beau milieu de la charmille ; mais ce sera à une condition.....

— Et laquelle, maman ?

— C'est que vous ne vous balancerez jamais que lorsque votre papa ou moi nous serons présens, ou lorsqu'il y aura quelque autre personne raisonnable ; car la balançoire, quoique très-agréable, peut devenir un jeu fort dangereux ; la corde peut casser, ou, poussé trop violemment, vous pouvez tomber par terre ; et si personne n'est là, qui vous donnera du secours ?.

— Eh bien, maman, nous ne nous balancerons jamais qu'en votre présence. Faites-nous faire une belle balançoire, je dirai à mes petits cousins de venir jouer avec nous.

D'après cette promesse, la mère fit faire une balançoire où l'on était assis bien à son aise, et les enfans ne s'y balancèrent jamais que lorsqu'il y avait quelque personne raisonnable auprès d'eux. Ces enfans-là étaient fort obéissans; aussi leur donnait-on tout ce qui pouvait leur faire plaisir.

LE CHEVAL FONDU.

Le jeu du cheval fondu est un exercice violent, et convient mieux en hiver qu'en été. C'est un jeu de grands garçons; les petits n'ont pas encore assez de force pour faire les sauts qu'il exige.

Les sauteurs se placent tous sur une ligne droite, à une pareille distance les uns des autres. Ils se courbent, en appuyant leurs mains sur leurs genoux, et baissant la tête sur leur poitrine. Cette position est nécessaire, afin que les sauteurs puissent franchir facilement, sans se blesser et sans blesser leurs camarades. Chacun des enfans ainsi placé, c'est le dernier qui commence; et dès qu'il est parvenu au troisième ou quatrième enfant, celui qui est le second dans la ligne se met aussi à sauter, et ainsi de suite. Dès qu'un sauteur est arrivé au bout de la ligne, il se courbe comme les autres, et reçoit à son tour les sauteurs qui passent par-dessus lui ; de manière que toute la ligne est sans cesse en mouvement.

Ce jeu, comme vous le voyez, exige de la force et de l'agilité. On peut s'y blesser ; mais il convient à de jeunes garçons de douze à quinze ans, qui ont besoin de se fortifier par l'exercice, et qui doivent avoir du courage. Quant à vous, mes enfans, je vous conseille d'en chercher de plus tranquilles : il y en a une quantité, et de plus amusans.

CHIFFRES ARABES ET ROMAINS.

un	1	I
deux	2	II
trois	3	III
quatre	4	IV
cinq	5	V
six	6	VI
sept	7	VII
huit	8	VIII
neuf	9	IX
dix	10	X
onze	11	XI
douze	12	XII
treize	13	XIII
quatorze	14	XIIII *ou* XIV
quinze	15	XV
seize	16	XVI
dix-sept	17	XVII
dix-huit	18	XVIII
dix-neuf	19	XIX
vingt	20	XX
trente	30	XXX
quarante	40	XXXX *ou* XL
cinquante	50	L

CHEZ LE MÊME LIBRAIRE :

Leçons pour les Enfans de trois a cinq ans, composées de phrases à lire et de petites historiettes; neuvième édition. 1 vol. orné de 12 gravures.

Contes pour les Enfans de cinq a six ans, pour faire suite aux *Leçons*; 1 vol. orné de 6 gravures, septième édition.

Douze Historiettes pour les enfans de six à huit ans, par madame Delarbre. 1 vol. orné de jolies gravures.

Quinze petits Contes propres à former le cœur et l'esprit des enfans de 6 à 8 ans, par Bertin. 1 vol. orné de grav.

Accidens de l'Enfance (les), présentés dans de petites historiettes propres à détourner les enfans des actions qui leur seraient nuisibles; par Pierre Blanchard; quinzième édit. 1 vol. orné de gravures.

Charmes de l'Ermitage (les), Historiettes et Nouvelles propres à former le cœur et l'esprit de la jeunesse; par Mlle Elise Brun, institutrice. 1 vol. orné de gravures.

Jeunes Enfans (les), contes, par Pierre Blanchard. 1 vol. imprimé en gros caractère, orné de 6 jolies figures; huitième édition.

Contes a Henriette, par Abel Dufresne, quatrième édit. 1 vol. imprimé en gros caractère, et orné de 4 jolies gravures.

Modèles des Enfans, ou Traits d'humanité, de piété filiale, d'amour fraternel, et progrès extraordinaires de la part d'enfans de six à douze ans; ouvrage amusant et moral; quinzième édition. 1 vol. orné de figures.

Tom Pouce, ou le Petit Garçon pas plus grand que le doigt; conte traduit de l'anglais, par feu Théod. Bertin. 1 vol. orné de 6 gravures.

Encouragemens du Premier Age (les), ou Historiettes instructives et amusantes, propres à concourir à l'éducation morale de l'enfance; par M. Rénal. 1 vol. orné de gravures.

Premières Connaissances (les), à l'usage des enfans qui commencent à lire. 1 vol. imprimé en gros caractère, et orné de 5 fig. et d'un titre gravé; quatorzième édition.

Ce petit ouvrage, dont on a remarqué l'ordre et la clarté, a été adopté pour les écoles d'enseignement mutuel. Il l'était déjà dans un grand nombre de pensions, et la vente s'accroît à mesure qu'il est connu.

Imprimerie de E. Duverger, rue de Verneuil.

www.ingramcontent.com/pod-product-compliance
Lightning Source LLC
LaVergne TN
LVHW020954090426
835512LV00009B/1888